De-ci de-là
Tome 1

Thalie J.

# De-ci de-là
## Tome I

© 2019 Nathalie Juilliard.

Édition : BoD – Books on Demand
12/14 rond-point des Champs-Élysées, 75008 Paris
Impression : BoD - Books on Demand, Norderstedt, Allemagne
Isbn : 9 782322187782

*Dépôt Légal* : **Novembre 2019**

Pour mon mari et mes enfants, ma famille et mes amis.
Un remerciement particulier à Jean-François et à Marc qui l'ont relu attentivement.

**Naissance**

Attraper le mot
Le poser sur une feuille
Doucement,
Comme l'on couche un enfant
Et lentement lui chercher un ami.
Quand ils sont deux,
Naît une phrase,
Puis deux, trois …
Alors le texte prend vie.

Attraper un homme,
Le poser sur un lit
Doucement,
Comme l'on couche un enfant
Et lentement lui donner une femme.
Quand ils sont deux,
Naît une famille
Alors leur histoire
Devient vie.

ಬಂಬಂ

Des poussières d'étoiles sont tombées ce matin
Sur tout le paysage que je regarde au loin
Toute de blanc vêtue la terre s'abandonne
Le ciel est trop ému, ses nuages tourbillonnent
Et le vent qui s'emmêle tout autour des flocons
Entraine dans sa danse l'hiver et ses glaçons.

ಬಲಂಡಃ

# Hier

**Tu revois les détours…**

Tu revois les détours de ce chemin
Où jadis tu aimais à te promener.
Promenades solitaires d'un esprit lassé
Par la nature sévère d'une morne Vendée.

Ces jours-là te souviens-tu ?
Tu rêvais de pays lointains
D'ailleurs plus joyeux que le calme serein
De la nature sévère de la morne Vendée.

Mais le temps est passé et tes rêves en allés,
Tu revis ces instants trop vite effacés.
Du fond de ton cœur tu regrettes ces jours
Dans la nature sévère de la morne Vendée.

Tu n'as pas su profiter de ces moments
Tu n'as pas su en saisir les joies d'enfant
Tu n'as plus aujourd'hui que ces souvenirs effacés
De la nature sévère de la morne Vendée.

Où sont-ils donc tous ces êtres aimés,
Qui parlaient et riaient dans l'herbe du Coteau ?
Où sont-ils donc tous ces jours passés
Dans la nature sévère de la morne Vendée ?

Que leur mémoire demeure à jamais dans ton cœur,
Garde ces souvenirs précieusement,
Quand l'âge sera là, ils reviendront te parler
De la nature sévère de la morne Vendée.

### Le vieux poète

Dans le jour qui décline,
Derrière les rideaux
Son ombre se dessine
Assis à son bureau.

Voici l'heure d'écrire.
Aux rives de la nuit,
La journée qui s'étire
Emporte tous les bruits.

Devant la feuille blanche,
Son esprit s'abandonne
Et sa plume façonne
Des lettres de revanche :

Les drames et douleurs
Les pensées et regrets
A la faible lueur
Noircissent le papier.

Une page, puis deux
Et sa tête qui tombe,
Plus de vie dans ses yeux,
Le sommeil l'inonde.

ಭರಿಂಡ

### Douce agonie

Le bateau échoué se souvient à son aise
L'ancre dans le sable, la coque reposée,
Sa belle proue brisée, le long de la falaise.

La route fut longue qui l'a mené ici,
La houle incessante lui redit ses voyages
Le vent le caresse pour combler ses oublis.

Il revoit l'écume mourir sur ses reins
Dans un chant éternel de profonde tristesse
Que pleurent les sirènes et qu'aiment les marins.

Il lui semble toujours reconnaître le pas
Des hommes le lavant et dormant en son sein
Rêvant d'une fille dans un port tout là-bas.

De tant de voyages, fatigué et meurtri,
Par un fort temps d'orage, aux violentes rafales,
Il rejoignit le sable et y perdit la vie.

ಐಖಎ

### Mémoire

Ne plus voir la surface accidentée aux détours si
                                    [nombreux…
Qu'ont laissés les années.
De ce paysage, le seul souvenir est tendre et
                                    [mystérieux…
Celui d'être aimée.

Ne pas regarder les failles laissées par les soucis,
Les larmes et les sourires,
N'en garder que la mémoire d'un visage sans ride
Toujours en train de rire.

Même si les marques se sont inscrites là,
Tenaces et sévères,
Elles n'effaceront pas du souvenir la joie
De la jeune mère.

Et c'est dans les albums aux photos si nombreuses
Que je retrouverai enfin ma mère heureuse.

ఠుఠఎఔ

## Papa

Sur le papier bruni par le temps, il reste une photo.
Photo qu'une main malhabile a froissée.
Une main, ou le temps qui efface
Jour après jour, vie après vie, toute trace ?
Depuis ces jours où nous étions ensemble,
Depuis ce jour où tu quittas ce monde,
Tant de choses ont changé.
L'oubli s'est installé, effaçant
Et ton regard, et ta voix,
Et ton rire, et nos joies.
Sur le papier noirci
Et ridé comme un vieillard,
J'aperçois ton visage comme saisi
Par un coup du hasard.
Et je me souviens….
Oh ! Comme les arbres ont pleuré cet instant,
Les fleurs ont perdu leurs pétales
Et l'oiseau s'est tu au moment
Où mon cœur se noyait dans ses larmes.

Aujourd'hui rien ne rappelle le passé,
Si ce n'est cet amour qui vient me réchauffer.
Les arbres, les fleurs, les oiseaux tous à la fois
Célèbrent d'un même chant
Notre amour qui grandit…
Alors que ta photo jaunit.

ಌಜ಄ೞ

## Souvenirs de Vendée

Je suis revenue !
Tu vois je ne t'ai pas oubliée !

Toujours pareille, avec tes champs
Ton chemin qui se perd dans la campagne,
Ces souvenirs qui refluent en moi,
Cette fidélité, cette continuité,
Te souviens-tu de nos vacances,
Quand je marchais sur tes cailloux
Que je rêvais d'autres chemins
Que j'espérais une autre vie
Que je voulais un autre lendemain ?

Je t'ai retrouvée avec cette monotonie,
Cette poésie et cet ennui,
Tes imperfections…
Toute mon autre vie.

L'arbre de mon enfance est pareil
A mon souvenir, à mon poème,
A ma vie où tout s'entremêle.
J'ai fait le bon choix,
Même si mon cœur n'y croit pas.
Tu es un souvenir, une image
Dans mon livre si peu sage.
De t'avoir revue je suis heureuse,
De te revoir je suis avide
Car tu es unique et dans mon cœur et dans
                            [mon âme

ೋೋೕ

# Jour après jour

### Aube

Je regarde le temps qui passe
Les yeux posés sur l'horizon
L'horloge de son tic-tac
Emporte au loin toute saison.

La lune pâle aux premières lueurs
Disparait laissant le matin blême
Préparer la palette des couleurs
Et du jour peindre les reflets.

Je regarde le temps qui passe
Sera-t-il chaud et lumineux ?
Lorsque s'étirent les papillons,
Un nuage pointe à l'horizon.

Sera-t-il froid et tellement triste
Que le jour sourd à mon appel
Se fondra en nuage gris…
Se tairont alors les hirondelles.

Je regarde le temps passé
Comme un arc-en-ciel
Qui doucement disparait
Sitôt paru dans le ciel.

Je regarde le temps présent
Toujours jeune, imprévisible
Je crois le tenir un moment
Las ! il n'est plus qu'un souvenir.
Qui s'envole dans le matin

ಠಐಎ

**Matin d'hiver**

Que la lueur est douce
Celle du rayon froid
Qui passe sur ma couche
Lorsque la nuit s'en va.

L'automne qui arrive
Semble bien éphémère
Les feuilles à peine tombées
Déjà je sens l'hiver.

Même si le soleil
D'un élan courageux
Perce de sa lumière
Les nuages trop nombreux

La froide saison s'entend
A geler campagnes et villes
Et des pauvres gens frissonnants
Les pieds, les mains et les cils.

Mais lorsque le matin
Sous ma couette m'éveille,
J'aime à voir dans mes mains
Danser le froid soleil.

Oubliant un instant les rudes assauts
D'une saison où tout n'est que maux
Je cours, je vole dans le jardin
Un petit peu de soleil en main.

ಬಡಲಕ

## Tempête

Elle aimerait cette branche fragile
Elle aimerait…est-ce encore possible ?
Revivre des lendemains paisibles
Se pencher sur la terre si tranquille.

Mais d'un coup plein d'ardeur,
Le ciel dans toute sa grandeur
Sur notre pauvre terre a lâché sa fureur
Réduisant de l'arbre la splendeur.
Dans une colère digne des dieux,
D'un mouvement fou et mélodieux
La déesse tempête inonde les cieux

Que je regrette cette branche si jolie
Qui annonçait le printemps chéri
Et déployait sous mes yeux attendris
Mille fleurs aux pétales jaunies.

Devant ce désastre inutile, j'ai perdu le sommeil
Car une rage imbécile a détruit la merveille
Et même redevenu sage, le vent ne peut effacer
Ce que les dieux dans leur rage ont provoqué.

Pourtant….

Elle aimerait, si c'était encore possible,
Elle aimerait cette branche si fragile
Revivre d'autres lendemains où, toujours paisible,
Elle se penche vers la terre d'un mouvement
                                  [tranquille.

## Le roseau

Dressé vers le ciel, il regarde les oiseaux
Attendant le vent qui le courbera sur l'eau.
Au premier souffle il se couche sur la terre
Comme pour se baigner dans sa sombre lumière.

Puis tendrement en un mouvement plein de grâce
Il s'allonge pour partager son doux secret,
Avec l'eau calme qui lui renvoie son reflet
Entre les nénuphars et les truites qui passent.

Enfin le fier roseau lentement se redresse
Petit, si frêle mais d'une grande souplesse
Il contemple joyeux, la nature qui l'a fait.

☯☯

**Avril Jurassien**

Sous la terre du Jura, fourmillent tant de
[jolies choses,
Plantes et animaux y trouvent l'hiver venu
Un abri, pour la saison close.

Tous se nichent pour se parer des frimas
En attendant meilleur temps que ceux
Que le vent et la neige font si froids.

Mais dès l'apparition de la belle saison
Encore timide, encore jeunette,
Ils s'éveillent et sortent de leurs maisons.

Le printemps à peine paru avec ses timides atours,
Ils montrent le bout de leur nez, le bout de leurs
[bourgeons
Sous le soleil aux rayons ténus mais pleins d'amour.

Alors dans la campagne, finit la solitude terrible,
La nature frémit et le faon flaire la brise
Sous les caresses si tendres de la saison fertile.

ಜಬಡಚ

…
C'est donc un chemin de terre avec de l'herbe
                              [en son milieu
Qui s'en va serein dans la forêt et entre les prés.
J'aime à suivre tout le long sous les arbres
                                  [ombrageux
Des pierres et des herbes le dessin abimé.
Tout à coup un bruit se fait entendre
Alors, il me faut tendre l'oreille
Ce qui ne va pas sans dresser les orteils.
Si bien que sur ce chemin pierreux au cœur si
                                      [tendre,
Me voici en équilibre avec un pied en antenne
Trop loin du sol et trop loin du ciel
Pour mieux profiter de ce cet animal.
Mais la bête est déjà partie
Emportant et ma joie et son cri.

### Tristesse

Chaque jour sur le chemin de ma vie
Je fais le même trajet jusqu'au soir
A l'heure où tout s'oublie
Reste le désespoir.

Le vent chante dans les arbres,
La ville bouge et bruit
A l'heure où tout se marbre,
Restent les souvenirs.

Le soleil tente de chauffer l'hiver
Peu importe, il n'est qu'un leurre
A l'heure où les animaux se terrent
Ne restent que les pleurs.

La nuit enveloppe la vie,
Le noir broie la couleur
Quand brûle la flamme de la bougie
Le mal ronge le cœur.

ಬಿಾಡಞ

**Triste saison**

Déjà le jour décline derrière les arbres dénudés
Alors qu'aucun soleil n'est venu le réchauffer.
Les vents en proie à une fureur démente
Font chavirer les bois et gémir les charpentes.
Sous leurs assauts incessants c'est l'hiver qui pointe
Envoyant ces chevaux aux crinières glaçantes.
Cela fait des heures que tombe la nuit
Et le jour qui se meurt hurle à l'agonie.
Il s'est à peine levé terrassé par l'automne
Il a baissé ses bras et au froid s'abandonne.
Demain sera pareil et encore le suivant
La fièvre de l'hiver enterre tout présent.

ಬಲಿಂ

### Sieste

Je me suis endormie, dix minutes ont suffi.
Dans un pays étrange j'ai voyagé et me suis reposée.

Les fleurs étaient hautes,
Les nuages étaient bas.
Leur traîne cotonneuse
Formait un voile délicat.

Les fleurs étaient hautes,
Les arbres étaient bas
Et dans leurs côtes
Ai laissé mon émoi.

Je me suis réveillée, un souffle a suffi.
Près de toi mon amour j'avais voyagé et m'étais
                                    [reposée.

ಬಲಾಡ

Le jardin éclairci par un soleil charmant
Me donne du plaisir à bruire doucement
Dans le souffle léger d'une brise en maraude
La mésange chante, la journée sera chaude.
Le silence est total devant notre maison
J'entre dans la chambre et regarde l'horizon
Laissant les pépiements des oiseaux à l'arrière.
Entre de larges feuillages le soleil souligne
Les couleurs du village dont l'éveil incertain
Fait écho, rend hommage à l'été qui revient.
L'astre se fait bien doux après quelques orages
Sa caresse repose nos yeux et notre ennui
Hier fut bien long auréolé de gris.
Aujourd'hui le soleil qui chasse les nuages
Amène sur nos visages chaleur et sourires

꒰꒱

**Pour l'inconnu d'aujourd'hui**

Lorsque je me suis éveillée,
Du sommeil plein mon esprit,
Je me suis levée, et me suis dit :
De toutes les aventures de cette journée.
Il en est une qui me ravit.
Je suis contente ! Tellement !
Ce jour est, quoiqu'il arrive, plaisant
En ce qu'il nous fait nous rencontrer
Au coin d'une rue, dans un café,
Qui sait ? L'avenir est si secret.

☙❧

# Amour

### Tendre avenir

Quand l'amour devient tendresse,
Que le jour de la jeunesse
N'est qu'un doux souvenir…

Quand les atteintes de l'âge
Marqueront notre visage
D'un labyrinthe de rides….

Quand nos gestes trembleront,
Que nos yeux s'éclairciront
A en devenir limpides….

Il nous restera toujours
De la vie et de ses détours
Le souvenir merveilleux
D'avoir vécu tous les deux.

C'est pourquoi tranquillement,
Nous fabriquons maintenant
Les joies de notre vieillesse,
Quand l'amour devient tendresse.

☼☼☼☼

## Je t'en prie !

Quand mes doigts, tristement
Fermeront tes paupières immobiles
Que ton regard sera parti pour la fin des temps
Dans des endroits inaccessibles

Alors…
Les pétales ne seront que des larmes
Coulant en un torrent de tristesse
Que viendront balayer les longues feuilles
Des saules toujours en deuil.
Le soleil en perdra toute flamme
Et les chemins écartés de nos communes ivresses
Seront inondés par d'éternels pleurs.

Quand mes lèvres trembleront
Au dernier baiser sur ta joue,
Mon cœur meurtri
Pleurera notre vie.

Alors….
Du fonds des âges, et de l'oubli,
Se lèveront tous les dieux :
Grecs, égyptiens et romains
Ils viendront contempler ton âme
Et l'emmèneront sur un trône
D'où tu pourras voir tout là-bas
Pleurer celle qui ne vivait que pour toi.

Quand arrivera ce jour funeste,
Laisse-moi une place à coté de toi
Pour partir âme contre âme, toi et moi.

## Ce petit banc

Te souviens-tu de ce petit banc
A l'assise froide mais tentante,
De ces instants passés côte à côte
A regarder la nuit et ses hôtes ?

Il s'appuyait comme par hasard, négligemment,
Contre une maison aux pierres saillantes
Il était là, peut-être y est-il encore,
Quand nous regardions les étoiles du bord…

Bord de l'univers, bord de notre vie
Elles brillent au loin comme des confettis.
Comme pour nous dire d'espérer un peu
Ce n'est peut-être pas un drame de devenir vieux.

Mais l'aurore déjà les chasse que nous nous éveillons
Et la nuit qui trépasse nous serre dans son abandon.
Adieu étoiles, comètes et univers
Le ciel bleu chasse toutes vos lumières.

Las dans ce jour à peine éclos
Déjà nous reprenons notre fardeau
Que ta journée soit bonne comme la mienne
Et que la nuit si tendre nous revienne.

Te souviens-tu de ce banc si doux
Où nous aimions à rêver si loin
Que les nuits me semblaient un froufrou
Où tu aimais à perdre les mains ?

༺༻

Tout au long de la route nos yeux ont contemplé
La nature blanchie comme une vieille femme
Dont il ne reste rien de la jeunesse dorée
Dont l'âge éteint jusqu'à la plus petite flamme.

Quand l'automne s'endort sous le givre hivernal
La nature s'abandonne sous ce froid manteau
Oublieuse de l'été aux jours, si chauds,
Des orages grondants d'une fureur estivale.

Oubliées aussi les promesses du printemps
Quand les fleurs poussent dans les champs
Quand volent à nouveau hirondelles et papillons
Que sur les arbres enfin éclosent les bourgeons.

Toi aussi tu oublies les yeux perdus au loin
Les harassants travaux que réclament sans fin
La maison, le jardin, les champs et les bêtes.
Car dans le froid silence de l'hiver tout s'arrête.

...............................................

Cheminée, cheminée mon amie,
Que j'aime le spectacle que tu délies.
La grâce de ton jeu, le souffle de tes cris
Agrémentent l'hiver, adoucissent la vie.

Immobile devant les volutes
D'un feu qui crépite au fil des heures
Tu oublies en te laissant bercer
Par le rythme des flammes blondes.

La terre est blanche de froidure,
Solide de gel, immobile d'attente
Seuls quelques animaux en mal de proies
Font semblant d'espérer en ces grands froids.

Tes pensées s'envolent bercées par la chaleur
Que dispense gaiement la bûche dans l'âtre
Il n'est plus rien à faire plus rien à entreprendre
Que d'attendre immobile le retour du printemps

༄༅༄༅

# Tableaux

## Le tableau

Le livre est ouvert en son milieu,
Il repose sur ses genoux.
Sa tête se penche d'un mouvement doux
Laissant tomber ses cheveux.

La plante d'un vert foncé
Ressort sur le papier peint.
Au centre le siège d'osier
Est son unique soutien.

Le paravent de soie déployé
Aux oiseaux enlacés,
Aux feuilles torturées
Ajoute un sentiment d'éternité.

Et toutes les couleurs se fondent
En une valse de jaunes et marrons
Qui forment une ronde
Autour du kimono, centre du tableau.

*(Souvenir d'un tableau de William Merritt Chase)*

## L'homme blessé

L'abandon est total, ses yeux sont fermés,
Dans la campagne hivernale, que fait l'homme
[allongé ?
Il semble dormir, c'est ce que l'on peut croire
Devant cet être immobile protégé par un arbre.
Quels sont donc ses rêves ? Il semble abandonné,
Ses traits sont au repos, il flâne dans le sommeil
Comme on flâne dans la vie, sans but, désorienté
Attendant, espérant de l'avenir une merveille.
Il semble dormir pour toujours, sans être mort,
Non… seulement allongé sous l'arbre….

Mais pour l'éternité…

Il tient son habit de sa main, comme on tient une
[bouée,
Pense à la femme dont la tête contre lui s'est posée.
Il semble dormir mais revit en secret
Cet instant immobile qui les voyait ensemble.
Derrière le calme, le repos affiché
Se cache une douleur, un bien triste secret
Qui fait qu'aujourd'hui on le voit seul allongé
Avec à ses coté comme uniques compagnes,
Une épée acérée et la sombre campagne.

Le visage sur son épaule a aujourd'hui disparu,
Comme celle qu'il aime et qui ne l'aime plus.
La douleur immense se cache dans les plis
De la chemise blanche qu'il a, d'un trait, rougie.

(*Souvenir de l'homme blessé de Gustave Courbet*)

Envole ton esprit vers des contrées sauvages
Où nul autre que toi n'a posé son bagage.
C'est à toi de créer un si beau paysage,
Qu'il reflète pour toi ton bonheur en images.

S'il est difficile d'y inscrire le présent
Ce qui te fait souffrir ou bien te met en joie,
Laisse le souvenir c'est lui qui le peindra
D'une couleur étrange, de la couleur du temps.

Envole ton esprit vers des contrées sauvages,
Qu'il dépose là-bas le poids de son bagage
Et laisse-le partir peindre ce paysage
Qui résume ta vie en un livre d'images.

*Pour tante Babé*

಄ೞ೧ೲ

# Feuilles de nuit

## Tombée du soir

Quand le ciel devient terne, que le soleil pâlit
Le bleu se mêle au vert et le blanc devient gris.
L'heure est venue sur terre, de trouver un abri
Pour y poser sa tête et rêver à l'envie.
Le ciel fond sur la terre, le silence est total
La bataille s'achève, le soleil est vaincu
Quand disparaissent au loin feuilles et pétales
Se taisent les cigales, il rougeoie et n'est plus.
Le monde sombre alors dans la nuit victorieuse
Et le jour disparu n'est plus qu'un souvenir.
Je connais cet instant où l'âme va, errant,
Cherchant une prière, quelques mots ânonnés,
Pour que l'ange qui veille vienne la consoler.
Que j'aime ces couleurs ! Jamais je ne me lasse
De boire la splendeur du soleil qui trépasse
D'admirer la nuit sombre qui accroche une à une
Les étoiles à son ombre et à son front la lune.

༄༅༅༄

**Tombée du jour**

Dans la clarté du jour qui descend
Je vois comme des filaments
Des minces pellicules d'argent
Qui tombent sur terre doucement.

Il est couché le soleil
Il a fermé ses lumières
Et la nuit sombre et guerrière
Vient reposer sa chevelure vermeille.

Mais bien vite les couleurs
Se fondent en un linceul
D'une grande noirceur
Et nous plongent dans le deuil.

Alors tout s'arrête, et le temps
Plonge dans l'inconscient
Lorsque nos yeux s'abandonnent
Aux ombres et s'endorment

ಬಾಡಣ

### Pour occuper l'ennui

A la fenêtre, l'arbre frémit doucement
Il brise un peu l'ennui du temps présent.
Les voix se croisent à l'infini en ronronnant
S'entremêlent puis se détachent enfin
                              [s'estompent....

Le ciel pâlit, sensiblement s'en vient la nuit
L'arbre frémit doucement sans faire un bruit
Il a porté toutes les heures. Le soleil et la vie
S'entremêlent puis se détachent enfin s'estompent.

La nuit est là maintenant, sereine
Pour quelques heures elle est reine
L'arbre ne bouge plus, le soleil et la vie sont partis
L'heure est tardive, les voix s'épuisent et meurent
                              [aussi.

Dans le manteau de la nuit, les ombres se fondent
Dame lune et les lucioles sur la terre rodent.

❀❀❀

## Nuit

Fleurs et papillons se couchent.
L'arbre regarde le soleil qui s'éteint.
Ton souffle à côté sur la couche
Berce mon cœur jusqu'au matin.
Tout est silence, et recueillement
Tout s'arrête, il ne reste rien,
Tout s'endort mollement.
Tout ? Oh ! non car dans le lointain :

La lune incline sa tête blonde sur la terre
Et laisse vagabonder sa faible lumière,
Le roseau se courbe sous sa caresse
Le geai se tait atteint par l'ivresse.
L'ivresse de la nuit qui entoure tout
De son voile noir, de son voile gris
Que seule la lune de ses rayons si doux
Ose percer pour raviver les esprits.

Alors sortent les fées et les magiciens
Alors dansent les elfes et les lutins
Alors pleurent au loin les sirènes
Alors s'éveillent les dieux eux-mêmes.

Le silence se fait bruyant
Plein de fêtes et de feux
Plein d'êtres mystérieux
Qui ne vivent que la nuit durant.
Mais cette nuit est leur royaume
Et peu d'humains y sont admis
Car il faut être un peu fantôme
Pour y être accueilli.

Pour sortir avec fées et magiciens,
Pour danser avec elfes et lutins
Pour pleurer avec les sirènes
Pour éveiller les dieux eux-mêmes.

Quand la fleur et le papillon se lèvent,
Que l'arbre salue le soleil,
Que tout est inondé de lumière,
A côté de moi tu t'éveilles
Et chasses les restes du rêve.
La nuit se couche alors
Ainsi que ses habitants
Et seule la bavarde flore
Parle encore dans le vent :

Des fées et des magiciens,
Des elfes et des lutins
Des sirènes
Des dieux mêmes.

ಬಿಬಿಂಡ

### Aux rives de la nuit

Le chien et le loup dans une danse grise
Jouant avec le temps se fondent doucement
Dans le silence troublant de ce moment hostile
Où paraissent les morts et dorment les vivants.

Le ciel alors se pare de ses joyaux anciens
Qui dirigèrent les mages au pied de l'enfant-Roi
Joyaux qui d'un clin d'œil faiblement esquissé
Parlent au poète de sa bien-aimée.

Le chien et le loup sont endormis
Dans l'étable où l'enfant-Roi assoupi
Reçut en hommage des présents
Des rois mages repartis vers l'Orient.

Le poète pleure aux rives de la nuit
Son amour qui se meurt lorsque le jour s'enfuit
Et ses larmes une à une sur le sol détrempé
Formeront au matin la frêle rosée.

ఠఠ఩ౘ

### Soir de neige

Le temps retient son souffle, ralentit un instant
Les arbres dénudés frémissent doucement
Le silence discret oublie de m'assourdir,
Se niche dans les plis de l'hiver avancé.
Les nuages floconnent et la rue disparait
A mon regard perdu à mon âme en dérive.
Que deviennent les choses, les êtres et les jours
Quand l'hiver repose sa chevelure trop lourde ?
Où disparait la nuit qui se meurt à la lune
Où donc vont se chauffer, les âmes et leurs amours ?
A toute ces questions à peine murmurées
Il n'est pas de réponse, aucune vérité,
La neige efface tout en un geste si doux
Que l'on perd la raison et se moque de tout.
……
Les nuages floconnent tandis que meurt l'automne.
Je contemple la rue mais n'y vois plus personne.

# Horizons

**Souvenirs d'avenir**

Te souviens-tu, oh ! Mon amour,

Le chemin que nous prendrons demain ?
Il est boisé sur un côté, celui qui borde la rivière
Mais sera libre à l'opposé, là où voleront nos prières.

Ses pierres blanches nous feront tanguer
Et seule ta main dans la mienne rétablit
Notre démarche, permettant que demain passé
Devienne hier et que continue notre vie.

Mais te souviens-tu aussi des nuits étoilées
Que nous regarderons sans fin.
Lorsque la jeunesse achevée,
Nous aborderons la vieillesse.

Maintenant mon chéri, regarde l'horizon
C'est une ligne solide où se trouvent
Souvenirs et présents qui se regroupent,
Simplement reliés par l'avenir et ses promesses.

Te souviens-tu, oh ! Mon cœur,
Des soirées qui nous restent
Pour vivre encore les bonheurs
Que dans son amour Dieu nous laisse.

ಲ೧ಲ೧

## Le bout du monde

C'est un monde étrange, fait d'espace et de silence
Seul le vent parfois danse, dans ce désert glacé,
Caresse le sol, s'accroche à quelques branches
Tendues par des arbres depuis longtemps décharnés.

Celui qui traverse ce monde hâte toujours le pas
Soucieux de fuir ce lieu où tout n'est que trépas.
Pas de feuilles sur les branches, ni de pétales aux
[fleurs
C'est un monde de tristesses, un condensé de deuils.

....

La route qui y mène est pourtant bien jolie
Le soleil s'y promène et la lune le suit
Des coquelicots posés en bouquets éphémères
Regardent amusés l'escargot en goguette.

Le soleil s'y promène chauffant sur son passage
Les jolis papillons affairés et volages
Il fait fuir les limaces et sourire les fleurs
Qui s'ouvrent à ses caresses et lui offrent leur cœur.

La lune vient ensuite et de ses froids rayons
Referme de la flore les gracieuses corolles
Allume pour la nuit des joyeuses lucioles
Que le hibou regarde d'un œil toujours rond.

....

Mais la pente devient raide et la flore disparait
Le soleil est trop chaud mais l'air est si frais
L'escargot est parti, il n'y a rien ici
Pas un souffle ni un rêve dans ce triste pays.

☙❧

### Le poète et l'espace

Regarde au fond du ciel, les étoiles qui brillent.
Ne ressemblent-elles pas à des yeux amoureux
Qui d'un clin d'œil obligent, alors qu'elles scintillent
Le poète à se perdre à l'autre bout des cieux ?

Les amantes lointaines, fortes de leur pouvoir
Amènent le poète à perdre un peu la tête
Puisqu'il lui faut toujours traverser tant de noir
Pour accéder enfin à ces amies muettes.

Mais l'espace franchi, il trouve le bonheur
Et d'un mot, d'une rime ou bien encor d'un vers
Il écrit un poème et fait vibrer les cœurs
Des soleils, des planètes et de tout l'univers.

*Primé au concours Paris-poésie*
*Juillet 2000*

ಬಡಿಐ

**Ma confidente**

Quand vous m'avez parlé avec tant de douceur
À l'ombre des étoiles alors que j'étais seule
En cette nuit d'été vous qui toujours séchez
Les larmes des amants par la vie séparés.

Loin, très loin un hibou ponctuait vos paroles
Les lucioles dansaient en une ronde folle
J'écoutais, attentive, le bruissement si doux
De vos pâles rayons et tombais à genoux.

Un nuage a passé dans le ciel étoilé.
Quand vous êtes apparue toute d'argent vêtue,
Toute en magnificence par les astres adulée
Vous m'avez consolée puis avez disparue.

*2014 Premier voyage Paris-Clermont*

༄༅༆༇

# Prières

**Chaque jour est à Dieu**

A l'aube, au frais, quand le soleil brille à peine,
Les oiseaux s'éveillent et chantent la gloire de Dieu.

Le matin chaud d'un mois d'août bien commencé,
Le linge à la brise flotte, voiles qui ne verront jamais la mer,
Et les oiseaux toujours affairés, chantent sans se lasser la gloire de Dieu.

La mi-journée est écrasée de chaleur, l'herbe immobile
Le soleil au zénith, le silence à peine troublé par un vol de papillon.
Le temps est au repos, même pour les oiseaux
C'est à nous de reprendre le chant à la gloire de Dieu.

Vient l'après-midi, la chaleur baisse à peine, les sous-bois nous entraînent
Vers l'ombre d'arbres centenaires qui nous prodiguent une douce fraîcheur.
Secouons-nous, marchons et chantons, quittons notre manteau de torpeur,
Bientôt le soleil pâlira et les oiseaux reprendront leur chant à la gloire de Dieu.

Le crépuscule un peu terne repose nos yeux fatigués, le jardin bouge à nouveau,
Mais déjà s'endorment fleurs, papillons et oiseaux dont le silence est étrange.
Pourtant la nature murmure une litanie bizarre venue du fond de la nuit,
Les grillons font monter aux étoiles leurs grincements à la gloire de Dieu.

Chaque instant qui passe, seconde qui coule, minute qui file,
Doit être une musique, un chant, une mélodie tranquille
Au Créateur de toute chose, à l'Amour infini
Chaque jour nous est donné par Dieu, chaque jour est à lui.

༄༅༄༅

### A l'aube de la nuit

Les fleurs se couchent quand vient le soir
Une étoile se pose sur un bout de ciel noir
Un arbre s'éteint dans l'ombre de la nuit
Le silence vient alors me tenir compagnie
Au moment d'oublier le présent pour le rêve,
A toi Seigneur j'offre mes joies et mes peines.

Un nuage passe dans le ciel assombri
Le soleil disparait à l'aube de la nuit
La lune, à sa place, éclaire le ciel
De sa pâle et trop froide lumière.
Avant que ne vienne le sommeil
Ma prière monte vers toi Seigneur.

Seigneur, merci pour
La journée passée, les gens croisés
Les choses réalisées, les petits bonheurs glanés
Et ton pardon toujours donné.
A la lisière de la nuit, quand s'estompe le bruit
Dans ce ciel d'été si clairement étoilé,
Seigneur je veux te louer.

༄༅༄༅

**Ton refuge**

Si le jour est triste, et les nuages lourds
Et que cette grisaille pèse sur ton cœur,
Tourne-toi vers Jésus-Christ, Il est ton sauveur !

Lorsque la joie te fait défaut au point du jour,
Que la route semble longue avant la nuit
Habille-toi d'espoir et prie Jésus-Christ.

Si tu erres l'âme en peine,
Que le désespoir te guette,
Tourne-toi vers Jésus, Il est source de joie.

Comme la rosée caresse la terre par le soleil
asséchée,
Jésus de toute sa tendresse réchauffe l'âme blessée.

꿈꿈

Quand le jour se lève,
Sur le matin blême,
Ouvre tes paupières,
Laisse aller tes rêves.
Saisis ce moment
Au bord de ton cœur,
Pour parler à Dieu
Parler à ton Père
Là-haut des cieux
Il entend ta prière.

Qu'elle soit louange,
Qu'elle soit audace,
Qu'elle soit demande
Elle sera grâce.

Pense à Lui toujours,
Quand le jour commence
Pour lui dire tendrement,
Gloire à toi !

Gloire et louange à toi pour :

La nuit passée et ce jour qui commence,
La faible clarté de l'aube sur la rosée
Des rêves en allés et des choses à faire
Des gens à croiser, des papiers à classer,
Des chagrins à consoler, des joies à partager
Des espoirs à réaliser et l'amour à donner.

**Pour se préparer à Noël**

Sainte Marie, pendant ce temps de l'Avent
Où l'Amour nous est promis,
Aide-moi à chaque instant
A ne vivre que pour Lui.

Que chaque acte, chaque pensée
Par son amour toujours renouvelé
Partent de mon cœur et de mon âme
Pour faire briller sa flamme.

Oh ! Marie, je t'en prie,
Fais que mon cœur s'apprête
A accueillir Jésus-Christ.

☙❧

**Obéir pour vivre**

Mettre mon oreille sous votre Parole mon Dieu
Y associer mon cœur et mon âme ira mieux.
J'entendrai votre voix, en suivrai le chemin.

Mettre mon oreille sous la Parole de Dieu
Ouvrir mon cœur au doux Esprit Saint
Il me fera comprendre et je vous suivrai mieux.

Mettre mon oreille sous la Parole de Dieu
Avec cette chaleur qui consume mon cœur
Je deviendrai témoin de votre amour fécond

Obéir à ta voix et marcher dans tes pas
Toute mon âme aux aguets pour arriver jusqu'à toi
Mettre mon oreille sous ta Parole mon Dieu

N'entendre, ne choisir que ta sainte Parole
Au jour de la mort renaître près de toi
Mon âme pour toujours brûlante dans ton Amour.

ಬಂಬಂ

En ce temps béni, quand je fermerai les yeux et que mon souffle cessera,
En ce jour dont l'attente emplit mon cœur de joie,
Prends mon âme Seigneur, prends là près de toi.

Je sais qu'elle n'est pas bien belle, un peu ridée, un peu fripée
De toutes les petites et grandes choses que l'on nomme péchés.
Certes, elle est un peu grise même par endroit presque noire,
Mais au fond d'elle Seigneur, il est encore de toi.
Et si la vie sur terre, ternit souvent ta lumière,
Regarde avec bonté, ma petite âme blessée.
C'est vrai sur le chemin, le minuscule caillou fut plus grand
Que le pas que je fis et je butais dedans.
Encore aujourd'hui, malgré toute ma foi,
Je me cogne à des murs que je n'évite pas.
Mais tu sais Oh ! Seigneur que brûle dans mon cœur
Le désir de t'aimer avec toujours plus d'ardeur.
Et cette prière, si je la fais, Seigneur, c'est que j'ai confiance
En ta miséricorde, en ta bonté et ton éternelle patience.

Alors Seigneur, je t'en prie
En ce temps béni, quand je fermerai les yeux et que mon souffle cessera,
En ce jour dont l'attente emplit mon cœur de joie,
Prends mon âme Seigneur, prends là près de toi.

### Rencontre

Seule une chose est certaine en notre destinée
C'est qu'un jour devant Dieu il faudra nous montrer.
Cet instant est celui vers lequel nous allons
Cet ultime moment où nous présenterons
En portant notre vie comme on porte un fardeau
Et nos joies et nos peines, en un même cadeau
Il faut le préparer au rythme des saisons
Du bébé que nous fûmes au mourant que nous sommes.
Mais le temps passe vite, le moment est venu,
En tout point éphémères, déjà sommes-nous morts,
Printemps, été, automne, hiver ont disparu
La terre se referme sur notre pauvre corps.

....

Ne pleurez pas sur terre, nous sommes soulagés.
De nos peines et misères nous sommes allégés,
L'amour infini sous son aile nous garde
En vous attendant, nous volons âme contre âme.

༄༅༅༄

## Table des matières

Naissance 9
Des poussières… 10

### Hier
Tu revois les détours… 12
Le vieux poète 13
Douce agonie 14
Mémoire 15
Papa 16
Souvenirs de Vendée 17

### Jour après jour
Aube 20
Matin d'hiver 22
Tempête 23
Le roseau 24
Avril Jurassien 25
… 26
Tristesse 27
Triste saison 28
Sieste 29
Le jardin éclairci… ; 30
Pour l'inconnu d'aujourd'hui 31

### Amour
Tendre avenir 34
Je t'en prie ! 35
Ce petit banc 36
Tout au long de la route… 37

**Tableaux**
- Le tableau — 40
- L'homme blessé — 41
- Envole ton esprit… — 42

**Feuilles de nuit**
- Tombée du soir — 44
- Tombée du jour — 45
- Pour occuper l'ennui — 46
- Nuit — 47
- Aux rives de la nuit — 49
- Soir de neige — 50

**Horizons**
- Souvenir d'avenir — 52
- Le bout du monde — 53
- Le poète et l'espace — 55
- Ma confidente — 56

**Prières**
- Chaque jour est à Dieu — 58
- A l'aube de la nuit — 60
- Ton refuge — 61
- Quand le jour se lève… — 62
- Pour se préparer à Noël — 63
- Obéir pour vivre — 64
- En ce temps béni, … — 65
- Rencontre — 66